KB176117

그림으로 읽는
제2차 세계대전
④

독소전쟁의 전개

第二次世界大战史连环画库 10, 11, 12

Copyright ⓒ 中国美术出版总社连环画出版社, 2015; 绘画: 陈玉先 等
Korean translation copyright ⓒ Korean Studies Information Co., Ltd., 2016
Korean translation rights of 《History of World War II》 (33 Books Set)
arranged with China Fine Arts Publishing Group_Picture-Story Publishing House directly.

그림으로 읽는
제2차 세계대전 ④

초판인쇄 2016년 10월 10일
초판발행 2016년 10월 10일

글 가오핑중高平仲, 천팅이陳廷一, 둥빙신董炳新, 둥정董爭
그림 장웨이蔣偉, 샤오펑曉鳳, 쑨하오孫浩, 덩차오화鄧超華, 쩡옌친曾燕琴
옮긴이 한국학술정보 출판번역팀
번역감수 안쉐메이安雪梅

펴낸이 채종준
기 획 박능원
편 집 박미화, 이정수
디자인 이효은
마케팅 황영주

펴낸곳 한국학술정보(주)
주소 경기도 파주시 회동길 230 (문발동)
전화 031 908 3181(대표)
팩스 031 908 3189
홈페이지 http://ebook.kstudy.com
E-mail 출판사업부 publish@kstudy.com
등록 제일산-115호. 2000. 6.19

ISBN 978-89-268-7474-5 94910
978-89-268-7466-0 (전 12권)

그림으로 읽는
제2차 세계대전
4

독소전쟁의 전개

글·가오핑중(高平仲) 외
그림·장웨이(將偉) 외

이담
Books

전역별 지도

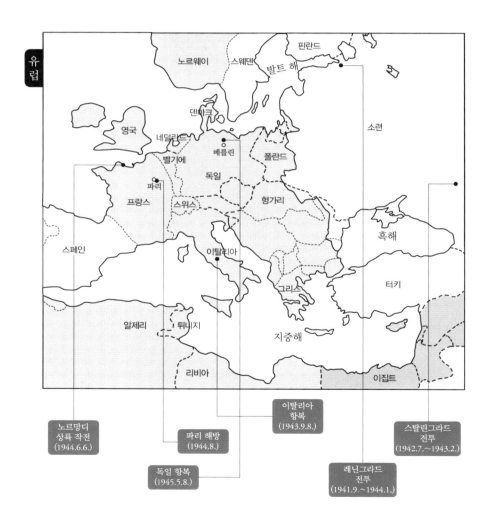

유럽

노르웨이　스웨덴　발트 해　핀란드

덴마크

영국　네덜란드

벨기에　베를린　폴란드

파리　독일

프랑스　스위스　헝가리

스페인

이탈리아

소련

흑해

터키

그리스

알제리　튀니지

지중해

리비아

이집트

노르망디
상륙 작전
(1944.6.6.)

파리 해방
(1944.8.)

독일 항복
(1945.5.8.)

이탈리아
항복
(1943.9.8.)

레닌그라드
전투
(1941.9.~1944.1.)

스탈린그라드
전투
(1942.7.~1943.2.)

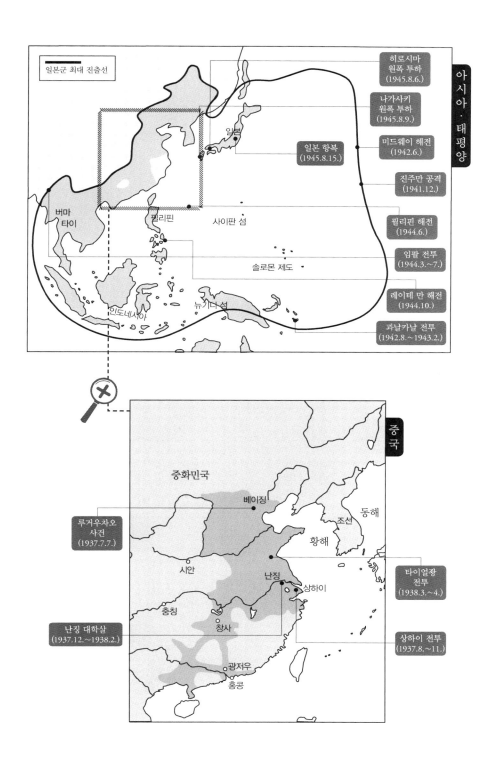

히로시마
원폭 투하
(1945.8.6.)

나가사키
원폭 투하
(1945.8.9.)

일본 항복
(1945.8.15.)

미드웨이 해전
(1942.6.)

진주만 공격
(1941.12.)

필리핀 해전
(1944.6.)

임팔 전투
(1944.3.~7.)

레이테 만 해전
(1944.10.)

과달카날 전투
(1942.8.~1943.2.)

아시아·태평양

일본군 최대 진출선

일본

버마
타이

필리핀

사이판 섬

솔로몬 제도

인도네시아

뉴기니 섬

중국

중화민국

베이징

동해

조선

황해

루거우차오
사건
(1937.7.7.)

타이얼좡
전투
(1938.3.~4.)

시안

난징

상하이

충칭

창사

난징 대학살
(1937.12.~1938.2.)

상하이 전투
(1937.8.~11.)

광저우

홍콩

머
리
말

1945년

9월 일본 군국주의의 '무조건 항복'으로 막을 내린 제2차 세계대전이 종식된 지도 40여 년이 지났다. 세계대전이라는 대참사를 겪은 사람들 대다수는 피비린내 나던 그 세월을 잊을 수 없을 것이다. 제2차 세계대전은 유럽, 아시아, 아프리카, 오세아니아 등을 휩쓸었으며, 당시 전 세계 인구의 4분의 3에 달하는 20억 이상이 전쟁에 휘말렸다. 정확한 통계는 어렵지만, 사망자는 대략 5천만 내지 6천만으로 제1차 세계대전과 비교해서 4배가 넘었으며, 전쟁에서 소모되거나 파괴된 자산은 무려 4천억 달러에 이른다. 주요 전장(戰場) 중 한 곳이었던 중국은 일본 파시즘과의 장기전에서 커다란 희생을 치르고 마침내 승리할 수 있었다. 이 승리는 광명이 암흑을 몰아낸 승리이자 정의가 불의를 이겨낸 승리였는데 평범치 않은 역사에는 뒷사람들이 기리는 빛나는 사적과 더불어 몸서리쳐지는 잔혹한 범죄들도 존재했다. 오늘날 이 모든 것은 한 가닥 연기처럼 사라져 기억 속의 옛 자취가 되었다. 그러나 이러한 역사가 되풀이되지는 않을까? 또다시 똑같은 참사가 발생하지는 않을까? 이와 같은 고민은 전쟁의 상처를 고스란히 떠안은 우리 세대와 평화를 사랑하고 정의를 추구하는 개개인이 진지하게 심사숙고해야 할 문제이다.

중국연환화출판사에서 발간한 『제2차 세계대전사 연환화고(連環畫庫)』는 더 많은 독자가 제2차 세계대전의 전반적인 역사를 이해하기 쉽도록 풍부한 그림과 글로 세계대전의 전체 과정과 그중 중요한 전투를 재현했다. 일찍이 루쉰(魯迅) 선생이 '계몽의 예리한 도구'라 극찬한 연환화(連環畫)*는 중화인민공화국 수립 이후 지난 40년간 신속한 발전을 가져와 대중들에게 중요한 정신문화로 자리 잡았다. 독자층이 넓어지고 제재도 풍부해지면서 형식과 표현에서 진일보한 연환화는 예술적 감상과 오락적 기능을 넘어 지식을 전달하거나 교육 자료로 이용되는 등 여러 방면에서 활용되고 있다. 아무쪼록 본 시리즈가 독자들이 역사적인 사실을 배우고 이해하는 데 도움이 되길 바라며, 전쟁 도발자들의 추악한 면모와 야욕을 알고 평화와 정의를 수호하는 일이 얼마나 위대한 것인가를 깨닫기 바란다.

1989년 12월

장웨이푸(姜維朴)

---

* 연환화(連環畫): 여러 폭의 그림으로 이야기나 사건의 전체 과정을 서술하는 회화를 말하며 연속만화, 극화(劇畫)라고도 한다. 20세기 초 상하이에서 발전하기 시작했으며 문학작품을 각색하거나 현대적인 내용을 제재로 한다. 간단한 텍스트를 엮은 후 그에 걸맞은 그림들을 그리는데, 보통 선묘를 위주로 하며 간혹 채색화도 있다.

차
례

연
표

1929년
- 10.24. 뉴욕 증시 대폭락으로 세계 경제대공황 시작

1931년
- 09.18. 만주사변(~1932 02.18.), 일본 승리

1933년
- 01.30. 히틀러, 독일 수상에 취임
- 03.04. 루스벨트, 미국 대통령에 취임

1937년
- 07.07. 루거우차오 사건(~07.31.), 일본 승리
- 08.13. 상하이 전투(~11.26.)
- 12.13. 일본의 난징 점령과 대학살(~1938.02.)

1938년
- 03.12. 독일, 오스트리아 합병
- 03.24. 타이얼창 전투(~04.07.), 중화민국 승리
- 09.30. 뮌헨 협정(영·프·독·이)

1939년
- 03.15. 독일 체코슬로바키아 해체, 병합
- 08.23. 독일·소련 불가침조약
- 09.01. 독일의 폴란드 침공으로 제2차 세계대전 발발
- 11.30. 소련 – 핀란드 겨울 전쟁(~1940.03.13.)

1940년
- 05.10. 처칠, 영국 총리에 취임
- 05.26. 영·프 연합군의 됭케르크 철수(~06.03.)
- 09.27. 독일·이탈리아·일본 3국 동맹

1941년
- 06.22. 독일의 소련 침공으로 독소전쟁 발발
- 09.08. 레닌그라드 전투(~1944.01.27.), 소련 승리
- 12.07. 일본의 진주만 공습(태평양전쟁 발발)

1945년
- 02.19. 이오 섬 전투(~03.26.), 미군 승리
- 03.10. 미국의 일본 도쿄 대공습
- 04.01. 오키나와 전투(~6.23.), 미군 승리
- 04.28. 무솔리니 공개 처형
- 04.30. 히틀러 자살
- 05.08. 독일 항복
- 08.06. 히로시마 원자폭탄 투하
- 08.09. 나가사키 원자폭탄 투하
- 08.15. 일본 항복

1944년
- 03.08. 임팔 전투(~07.03.), 연합군 승리
- 06.06. 노르망디 상륙 작전
- 06.11. 사이판 전투(~07.09.), 미군 승리
- 06.19. 필리핀 해전(~6.21.), 미군 승리
- 08.26. 파리 해방
- 10.23. 레이테 만 해전(~10.26.), 연합군 승리
- 09.15. 펠렐리우 전투(~11.27.), 미군 승리
- 12.16. 벌지 전투(~1945.01.25.), 연합군 승리

1943년
- 09.08. 이탈리아 항복
- 11.22. 카이로 회담(1차 11.22.~26. / 2차 12.02.~07.)

1942년
- 01.31. 싱가포르 전투(~02.15.), 일본 승리
- 06.04. 미드웨이 해전(~06.07.), 미군 승리
- 07.17. 스탈린그라드 전투(~1943.02.02.), 소련 승리
- 08.07. 과달카날 전투(~1943.02.09.), 연합군 승리

빌헬름 폰 레프(Wilhelm Ritter von Leeb, 1876.9.5. ~ 1956.4.29.)
독일 육군 장교로 제2차 세계대전 동안 북부집단군 사령관이었다. 바바로사 작전 개시 후 50만 병력의 북부집단군을 이끌고 발트 해 연안 해안 도시들을 공략하면서 레닌그라드로 진격했다. 900일간 레닌그라드를 포위해 식량과 연료 등 물자 반입을 막고 폭격을 퍼부었다. 레닌그라드 봉쇄 기간 레닌그라드 인구의 3분의 1인 백만 명 가량이 질병과 기아로 사망했다. 나치 전횡에 모멸감을 느낀 그는 직접 히틀러에게 북부집단군 사령관에서 해임시켜 달라고 건의했고, 1942년, 사령관 자리에서 해임됐다.

게오르기 주코프(Georgii Konstantinovich Zhukov, 1896.12.1. ~ 1974.6.18.)
소련의 군인이자 정치가로 제2차 세계대전에서 맹활약했다. 노몬한 전투에서는 관동군을 물리쳤고, 레닌그라드 전투에서는 독일군의 진격을 막았다. 모스크바 전투에서는 독일군을 후퇴시키는 데 성공했고, 스탈린그라드 전투에서는 독일 제6군을 궤멸시켜 전쟁의 승기를 소련으로 가져왔다. 전후에는 독일 점령 소련군 총사령관을 거쳐 소련 지상군 총사령관이 됐다.

하인츠 구데리안(Heinz Wilhelm Guderian, 1888.6.17. ~ 1954.5.14.)
독일의 군인이자 군사 이론가로 독일 전차부대의 중추적 인물이었다. 전차부대의 확충을 주장하며 기갑부대를 중심으로 한 전격전 이론을 수립한 그는 독일의 제2차 세계대전 초반 승리에 큰 기여를 했다. 모스크바 공격에 실패해 해임됐으나, 1943년, 다시 전차군 사령관이 되어 전차부대의 모든 권한을 행사했다. 종전 후 연합군의 포로가 됐다가 석방된 후 저술 활동에 전념했다.

바실리 추이코프(Vasily Ivanovich Chuikov, 1900.2.12. ~ 1982.3.18.)
소련 육군 지휘관으로 제2차 세계대전 당시 큰 활약을 보였다. 중국으로 파견돼 장제스(蔣介石)의 군사 고문으로 일한 전력이 있다. 스탈린그라드 전투와 바그라티온 작전 등에서 활약했고, 독일 베를린을 함락하는 데 공을 세웠다. 직속상관이었던 주코프와 사이가 매우 좋지 않았던 것으로 전해진다. 전후에는 독일 주둔 소련군 사령관과 원수의 자리를 거쳐 소련군 최고사령관이 됐다.

독소전쟁 발발 후, 독일 중부집단군은 보크 원수의 지휘 아래 모스크바로 진
격했다. 소련군은 군중의 적극적인 지원을 받으며 독일군과 격전을 벌였고,
독일군의 대규모 공격을 두 차례나 격파했다. 이로써 독일 파시즘의 '태풍 작
전'은 완벽한 실패로 끝이 났다.

글·가오핑중(高平仲)·천팅이(陳廷一)

그림·장웨이(蔣偉)·샤오펑(曉鳳)

그림으로 읽는 제2차 세계대전 ❹

독소전쟁의 전개

모스크바 전투

1

1941년 6월 22일, 독일군은 190개 사단, 2백만 병력으로 발트 해에서 카르파티아 산까지 천여km에 달하는 전선에서 소련을 향해 전면 공격을 개시했다. 7월 9일에 이르러 독일군은 라트비아, 리투아니아, 벨라루스, 우크라이나 등 광대한 지역을 점령하고, 소련 경내 5백여km 되는 곳까지 쳐들어갔다.

서남 방향에서 독일군은 소련 서남방면군의 주력부대를 포위해 소탕한 후 모스크바로 진격하려 했다.

북방의 독일군은 레닌그라드를 단번에 함락한 후 서북 방향에서 모스크바를 공격하려 했다.

제2 · 4 집단군, 제2 · 3 기갑집단군과 제2항공군단으로 구성된 중부집단군은 보크 원수의 지휘 아래 바르샤바에서 출발해 소련의 민스크, 스몰렌스크를 점령한 후 더 북쪽으로 올라 가 모스크바를 주공격하려 했다.

6월 22일, 구데리안 장군과 호트 장군이 지휘하는 독일 제2 · 3 기갑집단군은 소련군의 방어선을 돌파하고 민스크 방향으로 진격했다. 26일, 독일 제17기갑사단이 남쪽에서 민스크에 바짝 접근했다. 북쪽으로는 호트가 지휘하는 제3기갑집단군이 우회해 민스크를 4개 집단군이 포위했다. 독일군과 격전을 치르면서 소련군은 막대한 손실을 입었다.

6월 28일, 독일 제2 · 3 기갑집단군이 끝내 소련의 벨라루스공화국 수도 민스크를 점령하면서 소련군 제3 · 10 집단군의 퇴로를 차단했다.

독일군은 민스크를 손에 넣은 후 민스크 서쪽의 소련 제13집단군을 포위했고, 기세를 몰아 스몰렌스크까지 점령한 다음 북상해 단번에 모스크바까지 점령하려 했다.

스몰렌스크는 모스크바로 통하는 길목으로 모스크바에서 370km 정도 떨어진 도시이다. 모스크바를 방어하려면 소련군은 반드시 이곳에서 적을 저지해야만 했다. 예료멘코 스몰렌스크 수비부대 사령관은 신속하게 병력을 배치해 적을 방어하고 동시에 긴급하게 국방부에 이곳 상황을 보고했다.

티모셴코 소련 국방장관은 예료멘코에게 신속하게 부대를 조직해 반드시 독일 전차부대의 진격을 막으라고 지시했다.

7월 9일, 독일군은 스몰렌스크의 다우가바 강, 드네프르 강 일대에 접근하는 한편 비쳅스크를 점령했다. 7월 10일, 구데리안이 이끄는 독일 제2기갑집단군은 드네프르 강 도하를 강행하고, 호트 장군이 이끄는 제3기갑집단군은 비쳅스크에서 동쪽으로 급진해 스몰렌스크를 기습했다.

7월 15일, 독일군은 서남 방향에서 마을 샛길을 따라 진격해 예상보다 빨리 스몰렌스크에 접근했다.

소련군은 모두가 일치단결해 총체적 방어태세에 들어갔다. 모든 군민들은 대검과 수류탄으로 도시의 거리 하나라도 더 지키기 위해 독일군과 치열한 시가전을 벌였다.

그러나 독일군이 병력, 전차, 비행기, 대포 등 모든 면에서 절대적으로 우세했으므로, 7월 16일 소련군 방어선은 무너졌으며 스몰렌스크가 함락됐다.

스몰렌스크를 점령한 후 독일군 최고사령부는 제33호 작전훈령과 보충훈령을 발포하고, 모스크바로 가는 길목에서 방어하고 있는 소련군을 신속히 격파하고 곧바로 모스크바를 점령하라고 명령했다.

명령을 하달받은 보크 원수의 지휘부는 즉시 만반의 준비를 끝마치고, 로슬바블, 크리차브, 고멜 세 곳에서 모스크바에 대한 전면 공격을 개시하려고 계획했다.

모스크바를 향해 돌진하는 독일군을 저지하고 수도의 안전을 확보하기 위해 소련군 최고 사령부는 티모셴코의 서부방면군에 반격을 준비하라고 명령했고, 예비군 20개 사단 병력을 소집해 서부방면군을 증강했다.

7월 23일과 25일, 소련군은 스몰렌스크의 독일군에 반격을 가했다. 양측은 대량의 전차와 비행기를 동원해 격전을 벌였는데 소련군은 일거에 독일군 8개 사단을 섬멸함으로써 독일군의 공격력을 약화시켰다. 독일군 최고사령부는 할 수 없이 처음으로 공격이 아닌 방어태세를 취하도록 명령했다.

이때 독일군 최고사령부는 앞으로 어떤 전략을 펼쳐야 할지에 관해 논쟁을 벌이고 있었다. 브라우히치 독일 총사령관, 할더 참모장, 보크, 구데리안 등을 대표로 한 고급 장성들은 승세를 몰아 200km를 더 나아가 바로 모스크바를 함락할 것을 주장하는 비망록을 작성해 히틀러에게 올렸다.

그러나 히틀러는 다른 속셈이 있었는데, 우선 북방에서 레닌그라드를 함락해 소련과 세계 인민들에게 "10월 혁명의 고향이 끝장났다"라는 심리적 타격을 준 다음 폴란드군과 합류해 발트 해 연안의 소련군을 섬멸하는 것이었다.

그리고 남방에서는 먼저 키예프를 함락해 독일로서는 석유와 식량 공급처를 마련하고 소련으로의 물자 공급은 차단하려 했다. 히틀러는 이렇게만 된다면 모스크바를 점령하는 것은 시간문제라고 생각했다.

8월 21일, 고급 장성들의 반대에도 불구하고 히틀러는 모스크바 공격을 늦추라고 명령했다. 아울러 가장 중요한 것은 겨울이 오기 전에 소련 돈바스의 공업 단지와 광산 지역을 점령하고 캅카스 유전의 러시아 석유 공급 라인을 차단하는 것이라며, 중부집단군의 제2·3기갑집단군이 각각 남북 양쪽을 지원해 우크라이나와 레닌그라드를 공격하게 했다.

독일군 장성들은 히틀러의 명령에 불만을 표했으며, 할더 육군참모장과 구데리안은 즉시 원수 최고사령부로 날아가 히틀러에게 모스크바를 공격하는 것이 우선임을 피력했으나 히틀러는 단호하게 이에 반대했다.

구데리안은 불만이 가득했으나 결국 히틀러의 명령에 복종할 수밖에 없었다. 그는 부대를 거느리고 남하해 룬트슈테트의 남부집단군과 함께 소련 서남방면군을 포위했다.

호트 장군 역시 제3기갑집단군을 이끌고 북상해 레프의 북부집단군과 함께 레닌그라드를 공격할 수밖에 없었다.

이와 같은 독일군의 재배치는 병력을 분산시키고 전선을 늘린 것으로써 결국 북쪽에서는 레닌그라드를 점령하지 못하고, 남쪽에서도 예상 목표치에 도달하지 못했다. 중부는 기갑 집단군을 차출시킨 까닭에 실력이 약화돼 진격이 둔화됐다.

소련 최고사령부는 독일군이 모스크바 공격을 늦춘 2개월 동안 전쟁 준비에 속도를 냈다. 재빨리 코네프 원수를 사령으로 한 서부방면군을 조직하고, 예료멘코 중장이 지휘하는 예비방면군에 이어 부됴니가 지휘하는 브란스크방면군을 모스크바 서쪽 호형(弧形) 방어선에 배치해 적의 공격을 저지할 준비를 했다.

남북 두 갈래에서의 공격이 좌절된 후, 9월 중순에 이르러서야 히틀러는 전선을 축소하기로 결정하고 또다시 모스크바 공격을 우선 목표로 내세웠으며, 참모부에 모스크바 공격에 관한 '태풍 작전' 수립을 명령했다. 히틀러의 작전 수립 명령에 따라 동부전선 병력 중 4분의 3의 보병과 3분의 2의 기계화부대를 모스크바 공격에 투입하기로 했다.

또한 구데리안과 호트의 두 기갑집단군을 중부집단군에 복귀시키고 레닌그라드에서 회프너의 제4기갑집단군을 차출해 모스크바 공격에 투입함으로써 모스크바를 겹겹이 포위, 고립시키려 했다.

소련 최고사령부는 이미 독일의 태풍 작전에 대비하고 있었다. 모스크바 보위를 책임진 서부방면군, 예비방면군, 브란스크방면군의 85만 장병은 전투태세를 갖추고 기다리면서 적군을 모스크바 성 아래에서 격파할 것을 다짐했다.

모스크바 주민들도 앞다퉈 수도 방어전에 참가했다. 50만 명이 방어진지 구축에, 12만 명 지원자가 방공(防空) 업무에 투입됐으며, 근교에서는 유격대, 자위대를 조직해 적후에서 독일군을 타격할 준비를 했다.

9월 30일, 독일군은 대규모 전격 포격을 가한 후 전차를 앞세워 소련군 외곽 방어선을 돌파했다. 독일군 돌격부대는 두 갈래로 나누어 비야스마와 브랸스크를 공격했다. 구데리안의 기갑부대 선발대와 제3집단군은 우선 공군의 지원을 받으며 브랸스크를 공격했는데, 며칠 안 돼 소련군 제50집단군의 방어선을 뚫고 오룔을 점령했다.

10월 2일, 히틀러는 모스크바 공격부대에 "열흘 내에 반드시 모스크바를 함락"할 것을 명령하고, 11월 7일, 모스크바 광장에서 독일 군대를 사열할 것이라고 큰소리쳤다.

괴벨스 나치당 선전부장도 독일 각 신문사에 10월 12일 제1면은 독일군의 모스크바 함락에 관한 특별 소식을 싣기 위한 자리를 남기라고 명령했다.

구데리안의 기갑부대는 신속하게 브랸스크에서 오룔까지의 도로를 차단하고, 10월 6일, 칼라체프를 점령하고, 브랸스크를 우회해 포위 공격하면서 서쪽에서 쳐들어오는 제2집단군과 합류해 소련군 3개 집단군을 두 곳에 분할 포위했다.

비야스마 지역에서 독일군은 슈트라우스의 제9집단군과 호트의 제3기갑집단군을 기본 역량으로 공군의 지원을 받으며 두홉시나 지역의 소련군 서부방면군 제30·19 집단군의 방어선을 향해 돌격하기 시작했다.

10월 7일, 호트의 기갑부대와 회프너의 제4기갑집단군이 합류해 소련군 서부방면군 제19·20 집단군과 예비방면군 제21·32 집단군을 각각 비야스마 서쪽과 브랸스크 지역에서 포위했다.

비야스마에서 포위된 소련군은 완강하게 저항하면서 독일군 각 부대 사이 공간을 찾아 돌파함으로써, 10월 중순경, 일부 소련군은 포위망을 뚫고 모자이스크 방어선으로 퇴각했다.

10월 23일, 소련 브랸스크방면군은 겹겹의 포위를 뚫고 툴라 방어전에 나섰다. 그 가운데서 적지 않은 병사들이 조국을 위해 목숨을 바쳤고, 많은 지도원들이 적후에 남아 유격대에 참가했으며, 그리고 일부 병사들은 체포, 사살됐다.

모스크바 함락을 맡은 독일 중부집단군의 공격은 매우 순조로워 보크 원수부터 일반 병사에 이르기까지 모두 머지않아 모스크바로 진입할 수 있을 거라 굳게 믿었다. 이를 전해들은 히틀러는 기쁜 나머지 크렘린 궁전을 폭파시킬 특별공병지휘부까지 만들었다.

10월 12일, 소련국방위원회는 재차 모스크바 방어 문제를 논의하고 죽을 각오로 모스크바를 보위하기로 했다.

10월 중순, 독일군은 모스크바에서 각각 160km, 150km 정도 떨어진 칼루가와 칼리닌 시를 점령했다. 이로써 독일군은 서·북·남 세 방향에서 모스크바를 포위했다.

위기일발인 상황에서 소련국방위원회는 서부방면군과 서남방면군에서 일부 병력을 이동시켜 모두 11개 보병사단, 16개 전차여단, 40여 개 포병연대, 10여 개 화염분사기중대를 조직하고 탄약, 무기, 물자를 준비해 신속하게 모스크바에서 80km 떨어진 모자이스크 방어선으로 달려가 새로운 방어선을 구축했다.

소련국방위원회 대표 몰로토프, 보로실로프, 바실렙스키 모두 직접 전선에 나아가 서부방면군과 브랸스크방면군의 역량을 결집하고 작전을 지원했다.

소련 서부방면군이 적과의 전투에서 큰 손실을 입었으므로 소련군 최고사령부는 예비방면군을 서부방면군에 병합하고, 주코프 대장을 사령관으로 임명해 적의 공격을 막기로 결정했다. 이에 주코프는 곧 4개 집단군을 편성해 모자이스크 등 중요한 몇 개 구역의 방어를 강화했다.

동시에 소련국방위원회는 방어 배치를 재조정해 서부방면군이 모스크바 서쪽 100~
120km 구간을, 모스크바 경비사령부가 모스크바 부근을 방어하기로 했다.

10월 17일, 소련군은 새로 코네프를 사령관으로 한 칼리닌방면군을 편성해 칼리닌 지역
내 독일군을 제거하는 동시에 독일군이 북쪽으로 우회해 모스크바를 공격하는 것을 저지
하기로 했다.

10월 19일, 스탈린을 수반으로 한 국방위원회는 모스크바 근교까지 특별계엄을 선포하고, 시민들에게 어떠한 대가를 치르더라도 군대에 협조해 적을 무찌르고 모스크바와 운명을 같이할 것을 호소했다.

이처럼 위급한 상황에서 소련은 정부 각 부문에 오직 최소 인원만 남기고 주소련 외국 대사관과 정부기관을 모두 모스크바에서 100여km 떨어진 쿠이비셰프로 옮기기로 결정했다.

일부 대형 국가 공장과 노인, 아동들도 동쪽으로 대피시켰다. 레닌의 유해가 안치된 유리 관도 붉은 광장에서 안전한 곳으로 옮겨 놓았다.

스탈린 최고사령부 총수는 모스크바에 남아 직접 수도 방어전을 지휘했다. 10월 20일, 소련의 『진리보(眞理報)』는 "적의 모스크바 공격을 저지하자"라는 사설을 발표해 전체 시민들에게 함께 떨쳐 일어나 적군을 섬멸하고 수도 방어에 나설 것을 호소했다.

모스크바 시민들은 3일 만에 250개 노동자대대, 12만 명의 민병사단 및 169개 시가전 조직, 수백 개의 전차 파괴반 등을 조직했다. 시민 45만 명이 방어진지 구축에 참가했는데 그 중 4분의 3이 부녀자와 아이들이었다. 공장에서는 밤낮으로 방어 기재를 생산했다. 이렇게 수도 시민들은 적과의 결사전을 준비했다.

11월 초, 모스크바 부근에는 이미 320여km 길이의 대전차장애물과 250여km에 달하는 대보병장애물이 설치되고, 3천8백 개 발사대가 구축됐으며, 도처에 폭탄이 매설됐다.

소련 공군 또한 한 달 동안 2만 6천여 차례나 출동해 지상군을 지원 및 엄호하는 한편 적을 습격해 모스크바 상공의 안전을 지켰다.

전 국민의 대대적인 지원 속에 소련 서부방면군 장병들은 죽음을 초개같이 여기며 모스크바 서쪽, 남쪽 방향에서 용감하게 독일군을 저지했다. 새로 편성된 칼리닌방면군도 용기백배하여 서북쪽에서 적군을 저지했다.

소련 군민의 한 달여간의 격렬한 저항으로 인해 독일군은 모스크바 방향으로 200여km 밀고 나갔으나 대량의 병력을 잃었으며, 여전히 모스크바 교외의 방어선을 돌파하지 못했다. 10월 중순에 모스크바를 점령하려던 히틀러의 계획은 물거품이 됐다.

11월 6일, 적군이 성 아래까지 쳐들어와 대포 소리가 지척에서 울리는 가운데 모스크바 시민들은 지하철역인 마야콥스카야 역에서 10월 혁명 24주년 기념대회를 성대하게 경축했고, 스탈린은 강인한 어조로 침략자의 공격을 물리치고 적들을 하나도 남김없이 섬멸할 것을 호소했다.

이튿날인 11월 7일 아침, 열기를 띤 수도 군민들은 붉은 광장에 몰려가 전통 열병 의식에 참가했다. 예포와 힘찬 인터내셔널(Internationale, 노동자 해방 노래) 음악이 울려 퍼지는 가운데 스탈린은 전선으로 나아가는 장병들을 위한 송별담화를 연설하고, 그들에게 레닌의 붉은 깃발 아래 독일 침략군을 물리칠 것을 호소했다.

소련의 열병 의식을 저지하지 못한 것을 알고 격분한 히틀러는 보크 원수와 전선 지휘관들을 무능하다고 질타하며 그들에게 속히 모스크바를 공격하도록 명령했다.

11월 15일부터 독일군은 모스크바를 향해 제2차 대규모 공세를 퍼부었다. 제3 · 4 기갑집단군 및 제9집단군은 북쪽의 클린을 공격하고, 제2기갑집단군과 제2집단군은 툴라를 공격해 각각 북쪽과 남쪽에서 모스크바를 측면 공격했으며, 제4집단군은 정면에서 모스크바를 공격했다.

11월 15일 아침, 호트 장군이 이끄는 제3기갑집단군과 회프너가 이끄는 제4기갑집단군이 먼저 소련군 제30집단군 방어선을 공격했다.

11월 16일 새벽, 독일군 제3 · 4 기갑집단군 전차부대가 클린을 공격하기 시작했다. 소련 군 2개 기병연대가 전력을 다해 저항했지만 예비군의 증원이 부족한 탓에 25일 독일군에 의해 격퇴됐다.

독일군은 계속 모스크바 – 볼가 운하를 향해 진격했다. 때마침 추운 겨울에 장마가 계속돼 대지는 온통 진흙탕이었다. 전차, 대포는 이동이 어려워 전부 말로 끌어야 했고, 보병은 여 전히 여름옷을 입고 있어 추위에 떨며 엉기적엉기적 행군했다.

진흙탕 속에서 독일군의 공세는 눈에 띄게 둔화됐다. 그들은 끊임없이 소련군 T34형 전차와 기병대의 습격을 받아 추위에 얼어붙은 병사들이 대거 섬멸되면서 막대한 사상과 손실을 냈다.

볼로콜람스크 방향에서 공격하던 독일군은 모스크바에서 24km밖에 떨어지지 않은 방어 요충지인 이스트라 지역에서 2개 전차사단과 2개 보병사단을 투입, 북쪽에서 모스크바를 향해 돌진했다. 그러던 중 이스트라와 볼로콜람스크 도로에서 수비하던 소련군 제316사단과 맞닥뜨려 격전을 벌였다. 탄알이 다할 때까지 싸운 소련군은 모두 장렬히 전사했다.

11월 27일, 독일군은 이스트라를 점령했다. 그날 저녁, 독일군의 극소수 기계화 첨병대가 모스크바 – 볼가 운하를 건너 모스크바에서 10여km 떨어진 교외 운하 부두 힘키에 도착했다.

이제 모스크바는 독일군 대포 사정거리 내로 들어왔다. 독일군 지휘관은 망원경으로 크렘린 궁전의 첨탑을 볼 수 있었고, 이에 독일군의 모스크바 함락에 대한 자신감은 더욱 높아졌다.

독일군 최고사령부에서 요들 작전부장은 "조금만 더 힘쓰면 곧 승리가 보인다!"라고 큰소리쳤고, 히틀러 역시 여러 차례 지도를 들여다보며 광활한 소련을 어떻게 통치할지 궁리했다.

일촉즉발의 순간, 스탈린을 수반으로 한 소련 최고사령부는 "모스크바를 지키자! 죽더라도 독일 파시스트들을 수도에 들여놓지 말자!"는 전투 구호를 내걸고, 모스크바 시민 모두 남녀노소를 불문하고 즉시 전선에 뛰어들자고 호소했다.

독일군의 모스크바에 대한 공격 강도를 조금이라도 줄이기 위해 소련 최고사령부는 레닌그라드방면군에 히틀러가 군대를 차출하도록 태흐빈에서 반격할 것을 명령했다.

소련군 최고사령부는 서부방면군에 쾌속반격 전술로 적을 타격하라고 명령하고, 또한 쿠즈네초프 장군의 제1돌격집단군을 이동시켜 수도의 방어력을 강화했다. 이 군대는 기관총에 총집을 씌우고, 무기에 윤활유를 칠했으며, 전사들은 따뜻하게 입었고, 엄동설한에도 싸울 수 있는 경형 전차를 갖추고 있어 전투력이 높았다.

소련군 제1집단군과 새로 편성된 제20집단군도 신속하게 반격전에 투입됐다. 제16·30 집단군의 협조와 지원으로 여러 차례 완강한 반격을 통해 끝내 독일군을 격퇴하고 모스크바 북쪽, 서남쪽의 위기를 해소했다.

모스크바 남쪽에서 독일군 구데리안의 제2기갑집단군은 11월 18일부터 모스크바를 공격하기 시작했는데, 12월 3일 툴라를 포위해 모스크바의 철도와 도로 연결을 차단했다.

툴라를 수비하던 소련 제50집단군은 볼킨 장군의 지휘 아래 독일군과 치열한 전투를 벌였다. 벨로프 장군이 지휘하는 기병연대의 신속한 지원과 툴라 시민들의 협조를 받아 독일군에 쾌속반격을 가했고, 독일군이 방어로 바뀌면서 툴라는 위기에서 벗어났다.

소련 군민의 용맹스런 반격으로 독일군의 제2차 모스크바 공격 역시 좌절됐다. 12월 1일, 독일은 서쪽에서 정면으로 모스크바를 향해 돌진했는데 5일간의 치열한 격전 끝에 참패를 당하고 부득이하게 나라 강 서쪽 기슭으로 퇴각했다. 독일군 전투력은 큰 손실을 입었으며 공격할 힘을 잃게 됐다.

추운 날씨 때문에 독일군 비행기와 전차 엔진은 시동이 걸리지 않았고 기관총과 자동 무기도 사용이 불가능했으며 보총 노리쇠도 기름이 얼어 탄알이 걸리곤 했다.

독일군 병사들은 엄동설한 속에서 피를 흘리고 굶주림에 시달리며 끝내는 동사(凍死)했다. 중부집단군 정예사단도 사기가 크게 저하됐으며 기온이 영하 52도까지 내려가자 더 이상 버틸 수 없게 됐다.

12월 5일까지 북부, 중부, 남부 세 갈래의 독일군은 모두 소련군의 거센 반격을 받았고, 독일군의 모스크바 전투는 참패로 끝났다. 11월 16일부터 12월 5일까지 20일간 독일군은 모두 합쳐 장병 15만 5천 명, 전차 8백 대, 대포 3백여 문 그리고 많은 비행기와 장비를 잃었다.

소련군은 승세를 몰아 클린을 수복했다. 12월 6일, 스탈린은 모스크바 지역 소련군에 대규모 반격을 명령했다. 주코프 장군은 7개 집단군과 2개 기병군단 총 100개 사단을 거느리고 서부전선의 독일군을 향해 대규모 반격을 개시했다.

사기가 하늘을 찌를 듯한 소련군은 우선 남·북 양쪽에서 모스크바를 포위했던 독일 돌격
군단을 분쇄하고, 12월 16일 여세를 몰아 적의 손에 넘어간 칼리닌, 옐레츠, 칼루가를 되찾
았다.

또한 소련군은 서쪽 정면을 주공격 방향으로 독일 중부집단군의 주력을 계속해서 섬멸해
나갔다. 독일군은 줄줄이 패하여 대량의 전차, 대포와 군용 물자 그리고 병사들의 시체를
버려둔 채 퇴각했다. 소련군은 연이어 르제프, 비아스마, 스몰렌스크 등지를 탈환했다.

12월 18일, 격노한 히틀러는 보크의 중부집단군 사령관 직무와 뒤이어 브라우히치의 육군 총사령관 직무를 해임하고 본인이 육군 총사령관 직무를 겸임했다. 혁혁한 전공을 세운 구데리안과 호트도 크리스마스 전에 면직됐다.

카이텔 독일군 최고사령부 참모장이 전군의 전멸을 막기 위해 히틀러에게 후퇴를 주장했으나 역시 히틀러의 비난을 받았다.

12월 28일, 히틀러는 독일군의 패배를 돌이킬 수 없게 될까봐 두려워 부대가 철수해서는 안 되며 결사적으로 사수할 것을 명령했으나 아무 소용이 없었다. 소련 서부방면군은 동계 (冬季) 반격전으로 독일군을 모스크바에서 250km 밖까지 몰아냈으며 연이어 모스크바 남쪽과 북쪽의 일부 지역을 수복했다.

1942년 1월 5일, 소련 최고사령부는 독일군에 대한 전면 반격에 나서기로 결정했다. 1월 8일부터 소련군 9개 방면군 그리고 발트해함대, 흑해함대는 공군과 협동해 1천1백km에 달하는 전선에서 총반격을 개시했다.

소련군의 갑작스럽고 맹렬한 반격은 취임한 지 얼마 안 되는 클루게 독일군 중부집단군 사령관을 곤경에 빠뜨렸다. 1월 18일, 클루게가 계속 히틀러에게 전화를 걸어 철수해야 한다고 요구하자 히틀러는 할 수 없이 '차례로 철수'하는 것에 동의했다.

모스크바 전역은 3개월여의 격렬한 지구전을 치렀다. 4월 중순에 이르러 소련군은 각 전선에서 모두 중대한 승리를 거두었고 독일군을 150~400km 밖으로 밀어냈다. 아울러 모스크바 주, 스몰렌스크 주, 칼리닌 주 등을 전부 해방하고, 케르치 반도를 수복했으며, 총 60개 도시를 탈환했다.

모스크바 전역에서 독일군은 막대한 피해를 입었는데 50개 사단이 전멸하고 육군은 80여만 명이 죽거나 부상을 당했다. 이는 독일군이 전쟁을 시작한 이래 처음 겪는 참패로 히틀러의 태풍 공세는 철저히 실패했다.

독일군이 소련에서 참패를 당했으나 히틀러는 여전히 패배를 인정하지 않았다. 그는 서부각 점령국에서 대량의 병력을 이동시켜 새로운 공세를 준비했다. 이리하여 스탈린그라드가 독일군의 중요한 목표가 됐고, 다음 단계에서 독일과 소련 양측은 또 다른 중대한 전역인 스탈린그라드에서 치열한 전투를 벌이게 된다.

레닌그라드는 소련의 주요 도시 중 하나이다. 히틀러는 일찍이 이 도시를 '지구에서 아예 사라지게 만들 것'이라고 말해왔다. 1941년 7월, 독일군은 북쪽, 서남쪽에서 레닌그라드를 기습적으로 협공해 초기 전쟁에서 기선을 제압했고, 독일군의 공격에 제대로 대처하지 못한 소련군은 퇴각하면서 전략적 방어에 들어갔다. 불리한 상황에서 소련 공산당은 전국 군민을 이끌고 끝까지 투쟁해 레닌그라드를 집어삼키려는 독일군의 야욕을 꺾고 레닌그라드 방어에 성공한다.

글・가오핑중(高平仲)
그림・쑨하오(孫浩)

그림으로 읽는 제2차 세계대전 ❹

독소전쟁의 전개

레닌그라드 전투

2

핀란드 만 해변에 위치한 레닌그라드는 소련 10월 혁명의 성지이자 소련의 중요한 전략적 요충지이다. 폴란드 침공 직후인 1940년 히틀러는 '바바로사 작전'을 수립하고, 이 도시를 '지구에서 사라지게 만들 것'이라고 말했다.

그런 까닭에, 히틀러는 일찍이 독일군을 이끌고 프랑스의 마지노 방어선을 돌파했던 레프 육군 원수를 북부집단군 사령관으로 임명하고, 비행기 1천2백 대, 전차 1천5백 대, 대포 1만 2천 문을 투입해 1941년 7월 21일 이전까지 레닌그라드를 점령하라고 명령했다.

레프의 북부집단군은 퀴흘러 장군의 제18집단군, 부슈 장군의 제16집단군, 회프너 장군의
제4기갑집단군으로 구성됐으며 총 23개 사단, 70만 병력을 보유하고 있었다.

1941년 6월 22일, 레닌그라드 3백만 시민은 거리 확성기에서 나오는, 독일이 소련을 침공
한다는 몰로토프 소련 외무장관의 방송연설을 듣고 즉시 군중대회를 열어 독일 파시즘의
야만 행위를 규탄하는 동시에 조국의 운명을 걱정했다.

전쟁 발발 당일, 소련 최고소비에트 주석단은 레닌그라드가 전시 상태에 돌입했음을 선포했다. 도시 전체 15개 구역에서 징병 및 동원을 실시했는데, 수많은 시민들이 전선에 나가 싸우기를 원했으며, 조손 3대가 함께 민병에 참가하는 감동적인 사례도 있었다.

열흘의 짧은 기간 동안, 레닌그라드는 3개 민병사단을 조직했다. 궁전광장, 성 이삭 광장, 여름궁전, 5 · 1공원 등지에서 민병들은 각종 무기 사용법과 전차 공격 전술을 익혔다.

이 기간 동안 리투아니아, 라트비아, 러시아 일부가 연이어 점령됐고 독일군은 레닌그라드로 점점 다가왔다. 독일 북부집단군의 공격을 막기 위해 소련 최고사령부는 포포프 중장이 지휘하는 레닌그라드군부를 북부방면군으로, 쿠즈네초프 상장이 지휘하는 발트해군부를 서북방면군으로 재편성했다.

전쟁 초기 양측 군사력의 현저한 차이 때문에 독일군은 잠시 유리한 위치에 있었다. 독일 북부집단군은 수상 천연요새인 메멜 강을 건너 발트 해를 따라 레닌그라드로 진격했다.

며칠 사이 독일 기갑군은 산을 넘고 골짜기를 지나 파죽지세로 달렸으며, 선발대는 다우가바 강 세베로드빈스크 교외까지 진격했다.

세베로드빈스크는 빌뉴스와 레닌그라드 사이 주요 철도의 중심으로 넓은 다우가바 강이 도시 가운데를 가로질러 흐르고 있으며, 그 위에는 대형 도로교와 철교가 가로놓여 있다.

세베로드빈스크의 도로교를 탈취하기 위해 독일군은 '브란덴베르크800' 특수부대를 조직했다. 그들은 소련군 부상병으로 위장하고 갓 노획한 소련제 군용 수송차 4대를 몰고서 도로교를 통과하는 소련 수송대 행렬에 끼어들었다.

자동차가 다리 어귀에 이르자마자 위장했던 독일군은 차에서 뛰어내려 신속하게 다리를 지키고 있던 소련군 초소병과 폭파조를 해치우고 도로교를 점령했다. 곧이어 대량의 전차가 물밀 듯이 다리를 통과해 재빨리 세베로드빈스크 성을 점령했다.

7월 8일, 히틀러는 또다시 북부집단군에 계속 진격해 동쪽과 동남쪽에서 레닌그라드와 소
련 국내 각지를 연결하는 교통로를 차단하고 레닌그라드를 함락하라고 명령했다. 핀란드
집단군은 북쪽의 라도가 호 양측에서 공격해 핀란드에서 레닌그라드로 향하는 도로를 점
거했다.

레닌그라드가 3면에서 공격받는 상황에서, 7월 10일 소련 최고사령부는 보로실로프 원수
를 사령관으로, 즈다노프를 정치위원으로 한 소련군 서북부지휘부를 설치해 서부방면군,
북부방면군, 발트해함대, 북해함대의 작전을 통일적으로 지휘하기로 결정했다.

소련 서북방면군 지휘부는 곧 레닌그라드 백만 군민을 동원, 밤낮으로 루가 강의 심스크 - 루가 - 킨기세프를 따라 견고한 방어선을 구축해 독일군이 루가 강을 건너 레닌그라드로 진격하는 것을 저지하려 했다.

루가 전투의 승패는 레닌그라드 전세 변화에 직접적인 영향을 미치게 됐다. 회프너 독일 제4기갑집단군 사령관은 득의양양해서 "일거에 루가 강을 돌파하면 곧 레닌그라드 대문의 열쇠를 가진 것이나 다름없다"라고 자신 있게 말했다.

7월 10일, 회프너의 제4기갑집단군은 프스코프 – 루가 도로를 질주해 이튿날 루가 방어선 외곽 거점 볼호프를 거쳐 심스크로 진격했다.

소련 최고사령부는 루가 지역 부대의 부담을 덜기 위해 서북방면군 소속 제11집단군에 독일 제4기갑집단군 측면을 타격하라고 명령했다. 치열한 포격전 끝에 상당한 손실을 입은 독일군은 황급히 퇴각했다.

예상 밖의 타격을 입은 독일군은 루가 성을 거쳐 레닌그라드를 함락하려던 노선을 바꿔 북상해 킨기세프 – 이바노브스코예의 루가 강 삼림 지대를 통과해 레닌그라드를 공격하기로 했다.

이 지역 수비를 맡은 소련군은 당시 이동 중이었기 때문에 독일군 선두부대의 전차 12대는 아무런 저항도 받지 않고 루가 강을 도하해 강 건너 지역에서 해안 상륙 거점 2곳을 점령했다.

또 다른 독일군 부대도 루가 성 서북쪽으로 40km 정도 떨어진 볼쇼이 사브스크에서 루가 강을 도하해 동쪽으로 진격했다. 이와 같이 독일군이 두 지점에서 소련군의 방어선을 돌파함으로써 루가 방어선은 무너질 위험에 처했다.

7월 17 · 18일, 독일군과 소련군은 이바노브스코예 - 볼쇼이 사브스크 일대 나루터에서 치열한 전투를 벌였다. 이 나루터를 수비하고 있던 소련 키로프보병학교 학생들은 완강하게 적들의 공격을 여러 차례 물리치고 독일군을 루가 강 모래톱으로 쫓아냈다.

독일군은 나루터 방어선에서 소련군을 내쫓기 위해 비행기 50대를 출동시켜 적군 진지를 폭격했다. 소련군은 사력을 다해 진지를 지켰으나 지원군이 오지 않아 전부 장렬하게 전사했다. 그러나 그들의 완강한 저항으로 7월 21일 레닌그라드를 점령하려던 히틀러의 계획은 틀어지고 말았다.

레프 독일집단군 사령관은 새로이 작전 계획을 세워 전에 프랑스 마지노 방어선을 돌파했던 방법을 다시 쓰기로 결정했다. 그는 정면 공격을 피해 소련군의 방어력이 비교적 약한 킨기세프 – 나르바 지역에서 돌파구를 찾기로 했다.

생각 외로 이 계획은 추운 겨울이 오기 전에 모스크바를 손에 넣으려던 히틀러의 반대에
부딪혔으며 레프는 히틀러의 질책까지 받게 됐다.

레프는 전선으로 돌아와 밤새 군사회의를 소집하고 원래의 배치를 포기하고 새롭게 북부,
루가, 남부 3개 돌격군단을 구성해 재차 루가 방어선을 공격할 것을 선포했다. 8월 8일, 히
틀러는 곧 레닌그라드를 점령할 것이라고 큰소리쳤다.

오전 10시, 장대비가 억수같이 쏟아지는 가운데 독일군 북부돌격군단의 대포가 먼저 루가 강 하류 소련군 진지를 포격했다. 루가 강에는 포탄이 마구 쏟아졌고 세찬 파도가 일렁거렸다.

독일군 전차부대는 악천후와 질퍽거리는 길에 아랑곳하지 않고 레닌그라드 – 킨기세프 – 나르바 철도선 이남의 광활한 지대를 향해 질주했다.

8월 10·11일, 독일 루가돌격군단과 남부돌격군단이 연이어 소련군을 공격하기 시작했다. 레닌그라드 북쪽에서는 총사령관 만네르헤임 원수가 이끄는 핀란드군이 라도가 호 가까이 접근해 오고 있었다.

레닌그라드는 3면에서 공격을 받았다. 8월 20일, 독일군은 전체 루가 방어선을 돌파하고 추도보를 점거함으로써 레닌그라드에서 모스크바로 향하는 철도선을 끊어 놓았다.

8월 23일, 소련군 최고사령부는 레닌그라드 남쪽과 동남쪽에 가까운 지대의 방어를 강화하기 위해 북부방면군을 레닌그라드방면군과 카멜리야방면군으로 나누고, 29일 보로실로프를 레닌그라드방면군 사령관으로 임명했다.

보로실로프는 레닌그라드방면군 군사회의를 소집하고 성의 북쪽, 동쪽, 서남쪽에 방어진지를 구축하기로 했다.

9월 3일, 레닌그라드 시는 8만 명 노동자를 동원해 교외 방어진지와 참호를 구축했는데 화력진지 4천여 개와 25km에 달하는 바리케이드가 만들어졌다.

"죽기를 각오하고 저항해 레닌그라드를 파시즘 비적의 무덤으로 만들자"라는 구호 아래 노동자들은 먹고 자는 것도 잊은 채 전선을 위해 더 많은 대포, 전차, 무기, 탄약을 생산했다.

공산주의 청년단 단원들은 단독으로 '레닌그라드공청단원' 전차종대를 편성하기 위해 1천여만 루블을 헌납했다. 레닌그라드 시민은 국방기금으로 총 58,750만 루블을 기부했다.

북부집단군의 역량을 강화해 빠른 시일 안에 레닌그라드를 함락하기 위해 히틀러는 모스크바에서 전투 중이던 중부집단군 일부를 북상시켜 레닌그라드 공격에 투입했다.

9월 초, 레프는 또다시 세 방향에서 레닌그라드를 공격하기로 했다.

9월 9일 오전 9시 30분, 독일군은 레닌그라드에 대한 총공격을 개시했다. 총공격의 주요
방향은 북쪽 가치나 방어 구역의 키펜 - 로프샤 - 크라스노예셀로 일대로 이 좁은 지역에 4
개 보병사단과 대량의 전차, 비행기를 투입해 소련 진지를 무차별 공격했다.

크라스노예셀로 부근에서 독일군은 소련군의 필사적인 저항에 부딪쳤다. 이튿날 오후, 독일군은 중형 전차 2백 대를 출동시켜 소련군 진지를 맹공격함으로써 레닌그라드 제3민병사단의 방어 지역을 돌파하고 크라스노예셀로를 공격하기 시작했다.

소련군 지휘부는 맹렬히 공격해 오는 독일군을 방어하기 위해 즉시 2개 여단의 해병대를 증원했다. 동시에 발트해함대의 원거리 포와 해안 방어포대의 대포로 독일군 보병과 전차 집결 지역을 포격하도록 명령했다.

1917년 11월 7일, 겨울궁전을 포격해 10월 사회주의 혁명의 승리를 알렸던 아브로라호 순
양함도 전투에 투입돼 독일군 진지를 향해 맹렬하게 불을 뿜었다.

9월 11일, 독일군은 계속 이 지역으로 대량의 군대와 전차를 투입했고 양측 군사력의 차이
로 소련군은 점점 열세에 처하게 됐다. 이튿날, 소련군은 후퇴했고 독일군은 군사적 의의
가 큰 두데르호프 고지와 크라스노예셀로를 점령했다.

독일군은 레닌그라드의 높이 솟은 건축물과 광활한 핀란드 만을 바라볼 수 있는 지점에까지 이르렀다. 9월 13일, 독일군은 핀란드 만 동남쪽 기슭으로 밀고 나가 레닌그라드 서남쪽 우리츠크 - 풀코보 고지를 향해 진격했다.

9월 13 · 14일, 소련군과 독일군은 레닌그라드에서 고작 12km 정도 떨어진 고렐로보 역쟁탈전을 벌였는데 하루 사이 세 차례나 뺏기고 빼앗기를 되풀이했다.

레닌그라드 남쪽 콜피노 일대에서 치열한 전투를 치른 독일군은 크라스니 보르 주민 거주지를 점령하고 계속 콜피노 방어 지역과 8km 떨어진 곳까지 진격했다.

이때 콜피노의 한 대형 군수공장에는 미처 옮기지 못한 중요한 전략 물자와 군수품이 가득 쌓여 있었다. 이 물자가 적의 수중에 들어가면 그야말로 범에 날개를 달아주는 것과 다름없었다. 위기일발의 순간, 나히모브 콜피노 소비에트 집행위원장이 간부와 노동자들을 이끌고 도착했다.

나히모브는 노동자 민병사단을 지휘해 독일군과 결사전을 벌였는데, 그들은 소련 정규부대가 올 때까지 콜피노에서 3km 떨어진 지점에서 보름 동안이나 적군을 묶어 놓았다. 이곳에서 저지당한 독일군은 또다시 서남쪽 우리츠크 방향에서 레닌그라드로 진격했다.

독일군이 우리츠크를 통과해 레닌그라드로 한 걸음 더 나아가는 것을 막기 위해 레닌그라드방면군 소속 공군과 포병은 핀란드 만 호형(弧形) 지대와 풀코보 고지의 독일군을 향해 맹렬하게 공격했다.

9월 17일, 레닌그라드 알렉산드롭스크 전차 종점이 함락되면서 독일군은 시 중심인 궁전 광장에서 14km 떨어진 곳까지 쳐들어왔다.

9월 23일, 독일군은 6개 사단 병력으로 공군의 엄호를 받으며 더욱 큰 규모의 공세를 펼쳤으나 레닌그라드 군민의 양면 협공으로 인해 실패하고 말았다.

공격에 연이어 실패한 레프 장군은 방어태세를 갖추라고 명령하고 최고사령부에 남은 병력으로는 레닌그라드를 계속 공격할 수 없음을 알렸다. 그러나 이 역시 히틀러의 질책을 면치 못했다.

소련군은 레닌그라드를 지켜냈을 뿐만 아니라 콜피노, 풀코보 고지에서 반격을 개시해 레프를 곤경에 빠뜨리는 한편, 독일군에 협력해 북쪽에서 공격하던 핀란드 군대를 소련 국경 밖으로 쫓아냈다.

레닌그라드 공격이 뜻대로 되지 않자 히틀러는 또다시 수륙 양쪽에서 포위권을 좁혀 성안 300만 군민을 굶겨 죽이기로 했다.

11월 8일, 독일군은 티흐빈을 점령하고 볼호프에서 티흐빈까지 철도를 차단해 소련 내륙에서 레닌그라드로 향하는 식량, 물자 수송로를 전부 끊어버렸다. 주민들은 극심한 기아에 시달렸으며, 2개월 동안 죽음의 신은 레닌그라드 지역에서 64만 명의 생명을 앗아갔다.

그러나 히틀러의 바람은 이루어지지 않았다. 레닌그라드 시민들은 "모든 것은 승리를 위해", "쓰러져 죽는 자가 있더라도, 살아남은 자는 끝까지 자리를 지키자"라는 구호 아래 독일군과 힘겨운 전투를 이어갔다.

소련의 위대한 작곡가 드미트리 쇼스타코비치는 그가 가진 '무기'로 장렬한 '레닌그라드교향곡'을 작곡했다. 각계 음악가들은 '레닌그라드방송국관현악대'를 만들어 이 아름다운 선율을 연주했으며 웅장하고 힘찬 음악소리는 천만인의 마음을 감동시켰다.

레닌그라드방면군은 라도가 호를 단단히 움켜쥐고 있었다. 11월 18일, 서북풍이 불어치더니 눈꽃이 휘날리며 기온이 갑자기 내려가 라도가 호가 180cm 두께로 얼어붙었는데, 이는 레닌그라드 천만 군민에게 삶의 희망을 가져다주었다.

레닌그라드방면군 지휘부는 신속하게 자동차수송대를 조직해 얼어붙은 호수 위 '생명의 길'을 이용해 식량과 물자를 운반했다.

12월 초, 한파가 두 번이나 닥치며 기온이 영하 30여 도까지 내려가 호수는 300cm 두께로 얼었다. 용감한 운전기사들은 엄동설한과 무섭게 휘몰아치는 바람에 맞서 밤낮으로 '생명의 길'을 질주하며 대량의 식량과 물자를 끊임없이 레닌그라드로 실어 왔다.

레닌그라드에 대한 군사 공격 및 기아와 포위 작전이 모두 실패하자 히틀러는 격분했다. 1942년 1월 18일, 그는 레프의 북부집단군 사령관직을 해임하고 퀴흘러를 새로운 사령관으로 임명했다.

4월 5일, 퀴흘러는 레닌그라드를 거칠게 몰아붙여 모스크바 교외에서의 열세를 만회하라는 히틀러의 41호 지령을 받았다. 퀴흘러는 대규모의 독일군을 레닌그라드방면군과 볼호프방면군 사이 지역에 집결시키고, 핀란드군과 스비리 기슭에서 합류해 레닌그라드를 먹여 살리고 있는 라도가 호로 가는 교통로를 차단하려 했다.

독일군의 거센 공격에 대비하기 위해 레닌그라드방면군은 교외 방어진지를 보강하고 성안 방어 구역을 새로 구축하는 등 각종 대책을 세우는 한편, 정식으로 레닌그라드를 군사성(軍事城)으로 선포하고 무기 · 탄약 생산 노동자를 제외한 주민은 모두 다른 지역으로 대피시켰다.

1942년 여름, 레닌그라드방면군은 메레츠코프 대장이 지휘하는 볼호프방면군과 함께 레닌그라드 서남쪽에 있는 우리츠크와 네바 강 왼쪽 기슭에 위치한 독일군을 공격하면서 레닌그라드를 강점하려던 퀴흘러의 계획은 물거품이 됐다.

12월 2일, 소련 최고사령부는 스탈린그라드 전선의 소련군과 공동으로 포위망을 돌파하는 '이스크라 작전'을 실행하기로 했다. 보로실로프 원수는 이에 근거해 레닌그라드방면군과 볼호프방면군의 협동 작전 계획을 수립했다.

12월 중순, 이스크라 작전에 투입된 포병부대는 어둠을 틈타 카렐리야 지협과 레닌그라드로부터 작전 지역에 도착해 적에게 발각되지 않도록 숨어서 출격 명령을 기다렸다. 수많은 야포와 카츄샤 다연장로켓포가 네바 강 맞은편 독일군 전진 기지를 조준했다.

1943년 1월 12일 새벽녘, 소련군의 각종 화포 2천 문이 일제히 포성을 울리며 추운 겨울 새벽의 정적을 깨뜨렸다. 포탄은 독일군 진지로 비 오듯 쏟아졌다.

맹렬한 포격과 동시에 대기하고 있던 레닌그라드방면군은 네바 강 왼쪽 기슭에서 동남쪽 독일군을 향해 공격하고, 볼호프방면군은 제9노동자촌 북쪽에서 독일군을 향해 진격했다.

소련 제12스키보병여단은 얼어붙은 라도가 호를 신속하게 가로질러 독일군 후방에 위치한 립키 부근의 적군을 향해 돌격했다.

1주일 동안 전투를 치른 끝에, 1월 18일 레닌그라드방면군과 볼호프방면군이 제1노동자촌과 제5노동자촌에서 성공적으로 합류하면서 레닌그라드에 대한 독일군 포위망 일부를 돌파하는 성과를 거두었다.

1943년 1월 18일 밤, 모스크바 방송국 아나운서가 격앙된 목소리로 "레닌그라드의 포위망이 해제됐습니다!", "적군의 봉쇄선이 돌파됐습니다!"라고 외쳤다. 시민들은 눈물을 머금고 이 기쁜 소식을 이야기했고, "붉은 군대, 만세!"라고 큰소리로 환호했다.

2월 7일, 레닌그라드의 핀란드 역 광장은 인산인해를 이루었고 기다란 기적을 울리며 식량과 물자를 가득 실은 첫 기차가 역 안으로 들어섰다.

소련군이 적군의 포위망을 돌파해 라도가 호 남쪽이 해방됐으나 독일은 여전히 우리츠크와 콜피노 부근의 천문대를 점거하고 있어 언제든지 레닌그라드를 포격할 수 있었다.

1943년 7월 22일, 소련군은 라도가 호 이남에서 총공격을 개시했다. 레닌그라드방면군은 습지에 엄폐호를 팔 수 없는 불리한 상황에서, 소련군이 쿠르스크 호형 지대에서 군사적으로 밀리지 않도록 독일군을 진지에 한 달 반 동안 묶어두었다. 9월까지 레닌그라드방면군은 독일군 11개 사단을 섬멸했다. 이로써 독일 북부집단군은 수세에 몰리게 됐다.

1943년 겨울, 레닌그라드방면군은 독일 북부집단군을 섬멸하기 위한 무기와 탄약을 칠흑같이 어두운 밤을 이용해 적의 진지 부근을 지나 공격 지점으로 운반해 갔다.

1944년 1월 14일 오전, 짙은 안개가 자욱한 가운데 적군의 전진 기지는 정적이 감돌았다. 소련군 진지에서 갑자기 천여 문의 대포가 일제히 울리더니 포탄 터지는 소리가 천지를 뒤흔들었다.

네바 강에 있던 발트해함대 제1포병연대의 대포 24문도 독일군 지휘부와 방어진지를 향해 불을 뿜었다. 당일 하루만 독일군을 향해 포탄 5만 발을 쏟아부어 독일군의 사격진지, 참호, 지뢰 지역을 파괴하고 수많은 적군 병력을 소탕했다.

이와 동시에 풀코보 고지에 몸을 숨기고 있던 소련군 병사들이 둘로 나누어 대포 공격으로 폐허가 된 적군 전진 기지를 가로질러 크라스노예셀로, 로프샤 방향으로 진격했다. 우리츠크에 주둔하고 있던 독일군은 크게 패해 퇴각해야만 했다.

1월 26일 새벽, 소련군이 적의 후방으로 우회해 레닌그라드 부근의 요충지인 가치나를 수복하면서 독일군이 자랑하던 '북방요새'가 철저히 붕괴됐다.

포격 소리는 레닌그라드로부터 점점 멀어져 갔고 소련군은 여세를 몰아 전선을 서남 방향으로 밀어붙였다. 1월 27일, 소련 최고통수권자인 스탈린은 특별명령을 발령하고 레닌그라드 전투를 승리로 이끈 레닌그라드방면군을 격려했다.

이날 저녁 레닌그라드에서는 승리를 축하하는 대회가 성대하게 열렸다. 저녁 8시가 되자 수많은 레닌그라드 시민들이 영하 20도의 추위를 무릅쓰고 네바 강변의 대로, 톨스토이 광장, 강둑길로 몰려나와 마음껏 환호하고 오색찬란한 불꽃놀이를 감상하며 예포 소리에 귀를 기울였다.

레닌그라드 전투의 승리는 소련 국민에게 투지와 필승의 신념을 심어주었을 뿐만 아니라, 히틀러가 계획한 전격 작전의 과정과 배치를 무너뜨렸고, 대규모의 독일군을 견제 및 소탕함으로써 모스크바 및 기타 전선에서 적군의 군사력을 약화시킬 수 있었다.

독일군은 모스크바 전투에서 크게 패했지만 히틀러의 세계 정복을 향한 야
욕은 수그러들지 않았다. 1942년 4월, 눈이 녹기 시작하자 나치 독일은 다음
목표인 스탈린그라드를 향해 총공격을 펼쳤다. 히틀러의 최종 계획은 스탈린
그라드를 점령하고, 볼가 강을 따라 북상해서 카잔을 거쳐 또다시 모스크바
를 포위하는 것이었다. 이와 함께 카스피 해 연안의 바쿠 유전을 손에 넣고,
캅카스를 점령하며, 페르시아와 터키를 굴복시켜 최종적으로 동부전선에서
의 전투를 마무리 지으려 했다.
그러나 독일군은 소련군의 완강한 저항에 부딪혀 볼가 강과 돈 강 사이의 드
넓은 전장에서 치열한 전투를 벌이게 된다. 스탈린그라드 전투에서 소련군은
죽음을 불사하는 용감한 정신과 영웅적 기개를 보여주었으며, 독일군은 소련
군의 날카로운 협공에 전군이 전멸하다시피 했다.

글·둥빙신(董炳新)·둥정(董爭)
그림·덩차오화(鄧超華)·쩡옌친(曾燕芹)

그림으로 읽는 제2차 세계대전 ④

독소전쟁의 전개

스탈린그라드 전투

3

모스크바에서의 참패로 격분한 히틀러는 많은 고급 장성들을 해임하고, 자신이 직접 소련 침공 작전 지휘권을 장악한 후 군대를 재배치하고 더욱 큰 규모의 공격을 준비했다.

1942년 초, 히틀러는 남부 전역의 지휘권을 폰 보크 육군 원수에게 위임했다. 히틀러는 보크에게 먼저 스탈린그라드를 공격해 점령한 후 볼가 강을 따라 카잔으로 나아가 신속하게 모스크바를 포위하라고 지시했다.

보크는 부대를 A·B 집단군으로 나누고, A 집단군 지휘관에 빌헬름 리스트 육군 원수를 임명했다. 보크는 A 집단군에게 돈 강을 넘어 남하해 캅카스를 점령하고 그곳의 풍부한 유전을 탈취하는 임무를 맡겼다.

리스트가 이끄는 A 집단군에는 폰 클라이스트 육군 원수가 지휘하는 제1기갑군도 포함됐다. 변덕이 심한 클라이스트는 히틀러가 신임하는 심복이었으며, 히틀러는 그가 날카로운 검이 돼 붉은 군대의 수중에서 남방의 유전을 빼앗아오기를 기대했다.

폰 퀴흘러 장군이 지휘하는 B 집단군은 전투 실력이 A 집단군보다 월등히 나았는데, 특히 파울루스 육군 원수가 지휘하는 강력한 제6군단이 있었다. 제6군단은 명령에 따라 스탈린그라드로 돌격했다.

A 집단군 소속 클라이스트의 기갑군은 돈 강을 건너 7월 29일에 프롤레타르스카야를, 8월 9일에 마이코프를 점령했다. 이곳에서 그들은 저 멀리 유정에 즐비하게 서 있는 원유시추 설비를 바라볼 수 있었다.

B 집단군 소속 파울루스의 제6군단은 소련의 붉은 군대 지원부대가 도착하기 전에 스탈린 그라드를 점령하려고 신속하게 진격했다. 7월 29일, 제6군단은 아무런 공격도 받지 않고 돈 강을 건넜다.

8월 10일, 파울루스는 부대를 집결시키고 전면 공격을 준비했다. 부대의 전투력을 끌어올리기 위해 그는 호트의 제4기갑군에 공격 지원을 요청했다.

소련은 스탈린의 명을 받은 바실리 추이코프 장군이 부대를 이끌고 툴라에서 출발해 스탈린그라드로 급히 이동하고 있었다.

8월 19일, 독일군은 스탈린그라드에 대한 전면 공격을 개시했다. 공격 지점은 붉은 군대가 지키고 있는 길이 130km, 너비 80km의 돌출 방어선이었다. 사흘 후, 독일 기갑부대는 베르티야치에서 소련군 방어선을 돌파하고 스탈린그라드 북쪽 교외를 통해 진입을 시도했다.

독일 공군도 무차별 폭격을 시작했다. 포화가 며칠 동안 쉼 없이 이어지고 포탄의 파편이 사방으로 날아다니며 폭발 소리가 천지를 뒤흔들어도 소련 병사와 주민들은 당황하지 않았다. 그들은 질서정연하게 군수공장 설비와 함께 노약자, 부녀자, 어린이 등을 철수시켰다.

독일 나치는 야만적이고 잔혹하게 수많은 남자와 여자, 어린이들을 대규모로 학살했는데 198만 명의 전쟁 포로가 강제수용소에서 죽어 나갔다. 이 같은 소식을 전해들은 소련 군민의 마음속에는 분노의 불길이 걷잡을 수 없이 타올랐다.

호트 제4기갑군의 전차와 대포는 붉은 군대 제64군단 진지 앞에서 한 발짝도 전진하지 못했다. 붉은 군대는 폐허가 된 공업 단지 안에서 더욱 많은 저항부대원을 모집했고, 이들과의 전투로 상당한 대가를 치른 독일군은 진격을 멈출 수밖에 없었다.

히틀러는 그와 다른 의견을 주장하는 폰 보크를 해임하고 A · B 집단군 각자 독립적으로 싸울 것을 명령했다. 그러고는 빈니차 최고사령부에서 리스트와 바이흐스를 불러 직접 명령했다.

히틀러는 파울루스의 제6군단에 일체의 병력과 화력을 집중해 스탈린그라드와 볼가 강 양쪽 지역을 점령하라고 명령했다. 또한 소련군이 돈 강 연안 좌측에서 공격할 경우를 대비해 증원부대를 파견해 주기로 약속했다.

스탈린과 그의 장군들은 스탈린그라드에서 독일군과 필사의 결전을 벌여 최종 승리를 거두기로 의견을 모았다. 스탈린은 모스크바 전선에서 전공을 세운 장군들을 불러들여 스탈린그라드 전투의 지휘를 맡겼다.

무적 장군 주코프, 포병 전문가 고보로프, 공군 사령관 노비코프 등은 스탈린의 명을 받고 재빨리 전선에 나아가 스탈린그라드를 지키고 있던 추이코프 장군을 지원했다.

9월 12일, 파울루스는 3개 기갑사단, 8개 보병사단 병력으로 가장 맹렬한 세 번째 공세를 시작했다. 그들의 목표는 여전히 소련 제62군단으로, 무엇보다도 이들과 제64군단과의 연계를 막으려고 했다.

스탈린그라드에서 로스토프까지 가는 철도선을 사수하고 있던 제62군단은 독일 군단과 6주간 치열한 전투를 치르면서 다행히 온전한 3개 보병사단과 거의 전멸되다시피 한 2개 전차여단만이 남아 있었다.

추이코프 장군은 볼가 강을 건너 화염에 휩싸인 폐허 속에 사령부를 세웠다. '차리친 벙커'로 불리는 이 엄폐 지휘소는 푸시킨 대로 교각 아래 지하 깊은 곳에 만들어졌다.

추이코프는 독일군의 좌우 포위 공격을 저지하는 것이 지금 아군이 처한 위기에서 벗어나는 유일한 방법이라고 판단했다. 그러나 그에게는 3개 보병사단과 만신창이가 된 전차 40 대뿐이었고 예비대의 기동력도 없었으므로 남은 병사 전부를 전투에 내보내야만 했다.

9월 14일, 독일군은 드디어 소련군 진지를 돌파하고 중요한 고지인 마마예프 쿠르간 아래에 이르러 그곳에서 볼가 강 나루터를 향해 집중 포화를 퍼부었다.

곧이어 독일 제76보병사단은 소련 방어선 중심에 있는 폭격 맞은 병원을 점거했다. 적에게서 빼앗은 브랜디와 보드카를 잔뜩 마신 병사들은 폐허가 된 병원에서 노래하고 춤추며 미친 듯이 웃어댔다.

추이코프는 마지막 남은 KV전차 19대를 치열한 전투에 출동시켰다. 전쟁의 불길은 차리친 벙커에서 불과 200m 떨어진 곳에까지 이르렀고, 마침내는 추이코프의 참모군관들도 모두 전투에 나섰다.

소련과 독일의 보병은 서로 일대일로 수류탄과 탄알이 오가고, 창으로 찌르고, 칼로 베고, 발로 차고, 입으로 물어뜯는 육탄전이 벌어졌다. 독일군은 한 발짝 전진할 때마다 엄청난 대가를 치러야 했다.

9월 14일 밤, 붉은 군대 증원부대인 로딤체프 장군의 근위군이 배로 볼가 강을 건너 포화에 휩싸인 전장에 투입됐다. 그들은 독일군의 맹렬한 공격에 반격을 가해 적군을 거칠게 몰아붙였다.

독일 전차부대는 건물을 산산조각 나도록 폭파한 후 평평하게 다지면서 앞으로 밀고 나갔다. 독일군이 점점 다가오자 추이코프는 차리친 벙커에서 철수해 '마마예프 쿠르간' 지휘소로 옮겼다.

전투는 두 달 가까이 지속됐고, 독일군이 새로 투입한 27개 보병사단과 19개 기갑여단은 막대한 사상자를 냈다. 독일군 내에 절망적인 기운이 감돌았으며, 리스트 A 집단군 총사령관은 지휘권을 박탈당했다.

같은 시각, 냉정하고 침착한 주코프 장군은 볼가 강 맞은편에 비밀리에 방대한 반격부대를 집결시키고 적당한 시기가 되면 맹호같이 독일군을 덮치려고 준비하고 있었다.

혁혁한 전공을 세워 히틀러의 신임을 얻으려는 데 급급했던 파울루스 육군 원수는 '승패를 가르는' 네 번째 대규모 공격을 개시하기로 결심했다.

치열한 전투를 몇 번 치른 붉은 군대 전사들은 값진 경험을 쌓았다. 그들은 소형 '돌격대'를 조직하고 거리와 가옥에 지뢰를 밀집되게 매설해 소위 '도살장'을 만들었다.

붉은 군대 병사들은 지하실, 하수로, 우물, 포탄으로 파인 구덩이를 익숙하게 알고 있었으므로 2~3명의 노련한 붉은 군대 병사가 독일군 1개 소대와 맞먹었다.

심지어 달빛 아래 위장한 붉은 군대 저격수들이 폐허에 꼼짝 않고 매복해 있다가 이동 중인 독일 병사 수십 명을 사살하고도 그들에게 발견되지 않았다.

붉은 군대의 이러한 전술은 적은 수로 많은 적을 상대할 수 있었다. 절망에 휩싸인 한 독일 병사는 "이곳의 길은 자를 사용하지 않고, 시체를 단위로 거리를 측정해야 한다. 끝이 없는 사나운 불길이 마치 시체를 불사르는 용광로 같다"라고 적었다.

가장 소름 끼치는 광경은 폐허 속에서 개들이 떼 지어 몰려다니면서 두려움에 미친 듯이 울부짖던 모습이었다. 그것들은 지옥과도 같은 도시를 가로질러 불빛에 붉게 물든 볼가 강에 뛰어들어 맞은편으로 헤엄쳐 가곤 했다.

9월 28일, 독일군 병사 일부가 스탈린그라드 서북쪽 노동자 주택 단지에 침투했다. 히틀러는 "곧 스탈린그라드를 함락할 것이다"라고 공개적으로 선포했다.

10월 4일, 붉은 군대는 독일군의 총공격을 위한 병력 배치에 혼란을 주고 독일군의 사기를 떨어뜨리려는 목적으로 아군이 지키고 있던 트랙터 공장 소재지에서 맹렬한 반격을 가했다.

10월 14일, 독일군은 마지막 총공세를 펼쳤다. 소련군 진지를 향해 5시간 동안 무차별 폭격을 하는 동시에 스투카스 폭격기 8백 대를 동원해 지상에 대량 폭격을 퍼부었다. 추이코프가 있는 지하 지휘소에서도 61명이 희생됐다.

추이코프는 일기에 "10월 14일은 전체 스탈린그라드 전투에서 가장 피비린내 나고 가장 참혹한 날로 역사에 기록될 것이다"라고 적었다.

독일군은 트랙터 공장 방어선을 돌파하고 볼가 강 기슭까지 밀고 나갔으나, 이미 피해가 심각한 지경에 이르렀으므로 그 자리에서 더는 앞으로 나아갈 수 없었다.

용맹한 시베리아사단은 '붉은 10월' 공장에서 전진하는 독일군과 48시간 동안 살육전을 치른 끝에 1개 연대의 병사들이 대부분 장렬히 전사했지만, 독일군은 이들에게 붙잡혀 한 발짝도 더는 나아가지 못했다.

10월 말이 되자 힘이 빠진 독일군은 공격을 멈췄다. 그 시각, 주코프 장군은 볼가 강 건너 편에 전차와 카츄샤 다연장로켓포를 보유한 50만 명의 막강한 부대를 집결시켰다.

11월 11일, 파울루스는 최후의 발악을 시도했다. 나흘 밤낮 동안 쉬지 않고 이어진 전투로 병사들은 이성을 잃었다. 핏발이 선 두 눈, 덥수룩한 수염에 군복은 피로 붉게 물들은 채 미친 듯이 총칼을 휘두르며 싸웠다.

11월 19일, 주코프의 대포 2천 문이 일제히 불을 뿜었다. T34형 신형 전차 9백 대와 엄청난 위력을 갖춘 카츄샤 다연장로켓포 115문을 보유한 포병연대는 마치 하늘에서 뚝 떨어진 것 같았다.

소련군 전력을 과소평가한 파울루스는 생각지도 못한 강력한 반격에 놀란 나머지 갈피를 잡지 못하고 제6군단 전체가 붉은 군대의 양면 협공에 금방 갇히고 말았다.

히틀러는 급히 폰 만슈타인 장군과 구데리안 장군에게 스탈린그라드 전선으로 달려가 파국을 만회할 것을 명령했다. 만슈타인은 이미 대세가 기운 것을 보고 제6군단에 스탈린그라드에서 철수할 것을 명령했다.

그러나 까다롭고 고집만 센 파울루스는 철수 명령을 따르지 않고, 오히려 만슈타인에게 공격 지원을 요구했다. 이것으로 주코프는 스탈린그라드를 쑥대밭으로 만든 제6군단을 전멸시킬 수 있게 된 것이다.

자신의 실패를 인정할 수 없었던 히틀러 역시 파울루스의 의견에 동의했다. 부대를 구하려던 노력이 허사가 되자 만슈타인은 붉은 군대의 포위권에 빠져드는 것을 막기 위해 호트의 제4기갑군을 천천히 로스토프 방향으로 철수시켰다.

만슈타인의 구출 계획(겨울폭풍 작전)에 따라 대규모의 독일군이 중앙전선, 캅카스 전선, 서부 지역에서 달려와 제6군단을 증원했다. 호트의 제4기갑군은 캅카스 - 스탈린그라드 철도를 따라 주공격을 책임지기로 했다.

또다시 러시아의 혹독한 겨울이 닥쳐왔다. 호트의 부대는 흰 눈이 뒤덮인 벌판을 행군하고 있었다. 그들이 가까이 다가왔을 때 도랑 곳곳에 매복해 있던 대전차포와 중기관총으로 무장한 붉은 군대 기병부대의 습격을 받았다.

추운 겨울, 밤에는 신출귀몰하는 붉은 군대 기병대가 사방에서 공포에 떠는 독일군을 습격하고, 대낮에는 T34형 전차가 독일군의 병사수송 차량과 군수품 차량을 습격했다. 호트는 정신을 차릴 수가 없었다.

12월 17일, 호트의 선두부대가 드디어 스탈린그라드에서 35km 떨어진 악사이 강까지 진격했다. 주코프는 전차 130대와 2개 보병사단을 파견해 강 위 다리를 지켰다.

만슈타인은 파울루스에게 호트의 기갑군이 외곽에서 돌격하는 순간 모든 병력을 집중해 붉은 군대의 포위권을 뚫고 나오라고 명령했다.

그러나 파울루스는 이에 반대했다. 그는 공군을 이용해 필요한 물자만 충분히 보급된다면 자신과 제6군단이 부활절까지 굳게 지킬 수 있다고 딱 잘라 말했다.

그 시각, 진지를 구축하고 있는 50만 붉은 군대 보병이 파울루스의 제6군단을 겹겹이 둘러 싸고, 대포 수천 문이 그들을 향해 포문을 열고 있었다. 그들의 운명은 하늘의 뜻에 맡겨야 했다.

1943년 1월 8일, 소련군은 파울루스에게 항복할 것을 독촉하며, 군관은 무기를 남길 수 있고 전후 모두 귀국 조치할 것 등 패전자들에 대한 합당한 대우를 약속했다. 그러나 파울루스는 독일 원수의 비준 없이 어떤 결정도 할 수 없었다.

포위된 독일군은 음침하고 한기가 뼛속까지 파고드는 진지와 지하 엄폐부에서, 시체가 널린 폐허에서 극심한 고통을 겪어야 했다. 한 사람당 하루에 빵조각 하나, 15명이 감자 1kg을 나눠 먹어야 했고 마실 것이라곤 오직 녹아내린 눈뿐이었다.

쇠약해진 병사들은 눈으로 담을 쌓아 추운 바람을 막았다. 몸이 얼어서 마비된 병사들은 땅바닥에 쪼그리고 앉아 죽음을 기다렸다. 부상은 곧 죽음을 의미했으며 전우들이 구해줄 수 없는 것을 알고 있기에 자살하는 병사도 점점 늘어났다.

목숨을 연명할 수 있는 물자는 매일 10분의 1만이 포위권 내에 공중 투하됐고, 병사들은 기병사단의 군마까지 모조리 먹어치웠다.

1월 10일 밤, 붉은 군대는 항복을 거부한 25만 독일군을 향해 총공세를 펼쳤다. 21일간 지속된 마지막 전투는, 1월 30일 파울루스의 지휘부가 무너지고 파울루스와 제6군단이 항복하면서 끝났다.